Marie Chapian

Kraft finden für mich

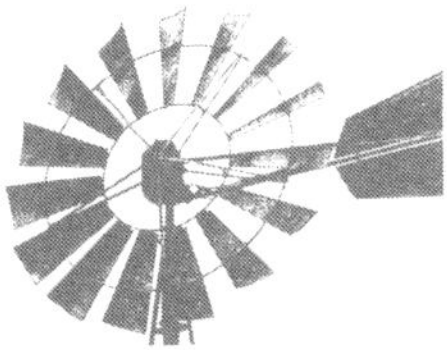

Marie Chapian

Kraft finden für mich

Aus dem Amerikanischen
von Eva-Maria Admiral

BRUNNEN
VERLAG GIESSEN · BASEL

ABCteam-Bücher erscheinen in folgenden Verlagen:
Aussaat Verlag Neukirchen-Vluyn
R. Brockhaus Verlag Wuppertal und Zürich
Brunnen Verlag Gießen und Basel
Christliches Verlagshaus Stuttgart
Oncken Verlag Wuppertal und Kassel

Titel der amerikanischen Originalausgabe:
Discovering Joy

Erschienen bei Bethany House Publishers
6820 Auto Club Road, Minneapolis,
Minnesota 55438, USA

Umschlagfoto: Photo Disc, Hamburg
Umschlaggestaltung: Ralf Simon
Satz: DTP Brunnen
Herstellung: Ebner Ulm
ISBN 3-7655-1674-0

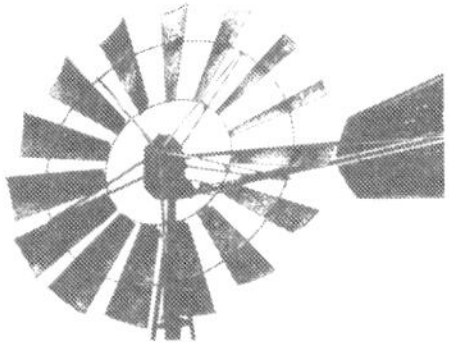

1. Tag

Man vertraut dem Urteil
eines vernünftigen Menschen;
und wenn er dazu noch gut reden kann,
überzeugt er jeden.

Ein Verständiger wird gerühmt
als ein weiser Mann,
und liebliche Rede mehrt die Erkenntnis.

Sprüche 16,21

NICHTS IST MIR
zu klein, zu gering.
Ich bin da –
in den großen Ereignissen genauso
wie in den ganz kleinen.

Mir entgeht kein Seufzer,
auch nicht der leiseste.
Keine Zelle, keine Mikrobe
ist in meinen Augen so klein oder so gering,
dass sie nicht lebenswert wäre.

Übersieh sie nicht, die winzigen Dinge!
Höre meine leise Stimme,
die Stimme, die kein tosender Wind übertönen
kann.
Höre mich
in der Stille der Nacht,
im Zirpen der Grille,
im ruhigen Seufzen
des neugeborenen Kindes.

Höre – mich. Sieh – mich.
Durch mich sind alle Dinge.

Das Auge,
das durch meinen Geist erleuchtet ist,
sieht mich
hinter und in den ganz, ganz kleinen
Dingen.

Kolosser 1,16.17; Psalm 131,1; Jesaja 30,20b;
1.Könige 19,11b

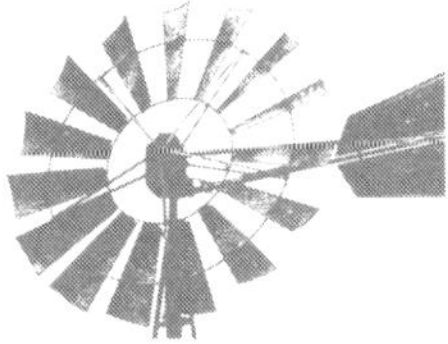

2. Tag

Daran zeigt es sich,
dass Jesus Christus unser Leben bestimmt.
So können wir mit einem guten Gewissen
vor Gott treten.
Doch auch wenn unser Gewissen uns anklagt
und schuldig spricht,
dürfen wir darauf vertrauen,
dass Gott größer ist als unser Gewissen.
Er kennt uns ganz genau.

Hieran werden wir erkennen,
dass wir aus der Wahrheit sind,
und wir werden vor ihm
unser Herz zur Ruhe bringen,
dass, wenn das Herz uns verurteilt,
Gott größer ist als unser Herz und alles kennt.

1.Johannes 3,19-20

DU BIST SO HART zu dir selbst.
Du bist von deinen eigenen Unzulänglichkeiten
befremdet.
Du quälst dich,
wenn du in deinem Charakter
Fehler und Makel entdeckst.

Hör zu, ich habe dir etwas zu sagen:
Du bist mein,
und du
wächst,
lernst,
veränderst dich,
entwickelst dich
zu einem Botschafter Christi –
und bist es doch schon jetzt.

Du nimmst mich
nicht stärker für dich ein,
wenn du dir an die Brust schlägst
und betonst, wie „schrecklich“ du bist.
Umkehr ist das,
was ich ersehne;
nicht, dass du dich selbst verabscheust.

Lass dich nicht
durch törichte Floskeln
oder religiöse Rituale
in die Irre führen;
die beeindrucken vielleicht Menschen,
aber nicht mich.

Ich kenne dich von innen und von außen,
und ich habe dich vollkommen geschaffen,
sodass du vollkommen
zu mir passt.

Du machst mein Herz froh,
wenn du meine Hand ergreifst
und dann
gemeinsam mit mir
an dir arbeitest.

Lerne, deine Grenzen zu weiten
und dich selbst zu respektieren –
Hand in Hand mit mir.

2.Korinther 5,20; 1.Johannes 2,12; Johannes 15,5;
Römer 8,37-38

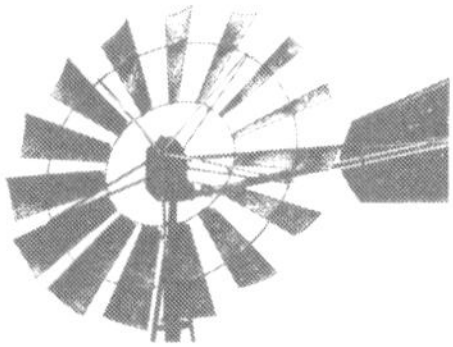

3. Tag

Berge mögen einstürzen
und Hügel wanken,
aber meine Liebe zu dir
wird nie erschüttert,
und mein Friedensbund mit dir
wird niemals wanken.
Das verspreche ich dir, der Herr,
der dich liebt!

Denn es sollen wohl Berge weichen
und Hügel hinfallen,
aber meine Gnade
soll nicht von dir weichen,
und der Bund meines Friedens
soll nicht hinfallen,
spricht der Herr, dein Erbarmer.

Jesaja 54,10

SCHRÄNKE mich nicht ein.
Schließe mich nicht aus,
durch die Tore deiner Angst
und deiner Gewohnheiten.

Insgeheim scheinst du davon auszugehen,
dass du immer Mangel haben wirst,
und damit bindest du dich
an einen brennenden Pfahl.

Du bist zum Leben berufen,
zum Leben in Fülle.
Du findest alles in mir.
Du hast alle Möglichkeiten –
durch Christus:

Nutze dein Talent,
gestalte dein Leben!
Gib dich nicht
so schnell geschlagen.
Ich habe in dich investiert,
in dein Heil und dein Wohlergehen,
mit dem Opfer meines Sohnes Jesus.

Es ist an der Zeit,
dass du alte Gedankenmuster
ablegst.

Ich, dein Vater im Himmel,
kenne all deine Nöte,
bevor sie dir bewusst sind.
Ich habe viel für dich vorbereitet.

Lass dich heute nicht mehr beschweren
durch die Sorgen von gestern.
Sei offen für neue Visionen,
neue Hoffnung und neue Stärke.

Schränke mich nicht länger ein:
Schränke niemals den Segen ein,
den ich für dich habe.
Sei so mutig,
mehr von mir zu nehmen,
mehr von meinem Segen zu nehmen.

Römer 5,10; Matthäus 6,8; Matthäus 6,31-33;
Jesaja 54,17

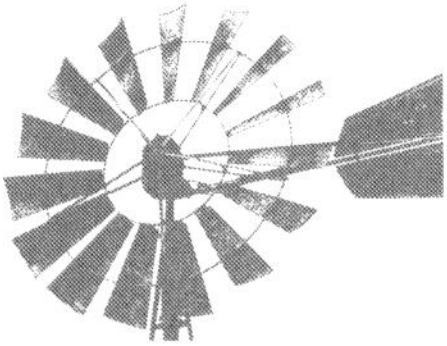

4. Tag

Darum hört auf mich,
ihr jungen Männer!
Richtet euch nach mir,
und ihr werdet glücklich.
Nehmt Belehrung an
und weist sie nicht zurück,
werdet vernünftig!
Glücklich ist, wer auf mich hört
und mich immerzu erwartet!
Wer mich findet, der findet das Leben
und wird von Gott geliebt.

So hört nun auf mich,
meine Söhne,
wohl denen, die meine Wege einhalten!
Höret die Mahnung und werdet weise
und schlagt sie nicht in den Wind!
Wohl dem Menschen, der mir gehorcht,
dass er wache an meiner Tür täglich,

dass er hüte die Pfosten meiner Tore!
Wer mich findet, der findet das Leben
und erlangt Wohlgefallen vom Herrn.

Sprüche 8,32-35

DEINE GABEN
sind herrlich in meinen Augen.
Und denke nicht,
dass sich das ändert,
wenn jemand auftaucht,
der in deinen Augen
vielleicht „besser“ oder „wichtiger“ ist.

Ich liebe den gereichten Becher
mit kühlem Wasser genauso
wie den Glauben in der Löwengrube.
Ich liebe die Richterin,
die Israel in den Sieg geführt hat.
Und ich liebe die Demütigen,
die am Fuße des Kreuzes weinen.

Deine Gaben sind mir wie ein Duft
im Garten der Freude.
Dein Gesicht anzusehen
und dich zu lieben,
zu wissen, dass du mein bist,
dein anbetendes Herz zu kennen,
bedeutet mir mehr
als tausend Feste zu meiner Ehre.
Du bist mir eine Freude!

Liebe mich, so wie du bist.
Tu, was du tust, für mich.
Sprich mit mir,
höre mir zu,
bete mich an.
Und lebe
ein lohnendes Leben.

Lukas 21,1-3; Matthäus 10,40-42; Daniel 6,20-22;
Lukas 22,24-27; Kol. 3,17

5. Tag

Hör es dir an, Hiob!
Steh still,
und denke über
Gottes Wundertaten nach!

Steh still,
und merke
auf die Wunder Gottes.

Hiob 37,14

HIER IST meine Hand –
lass mich die deine zärtlich halten.
Lass mich mit dir sitzen,
wo es ruhig ist,
du und ich allein.

Lass uns ganz
in dieser Stille bleiben.

Dein Herz ganz nah bei meinem,
können wir uns aneinander
freuen.

Jesaja 32,17; Psalm 23,1-3;
Hebräer 3,13

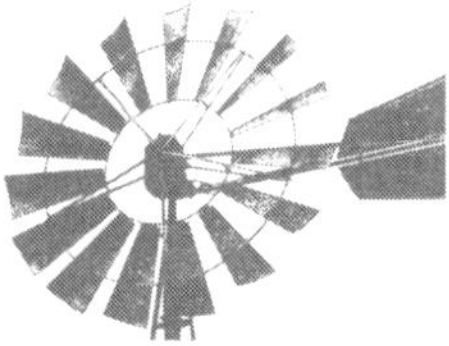

6. Tag

Ich aber darf dir immer nahe sein,
mein Herr und Gott;
das ist mein ganzes Glück!
Dir vertraue ich,
deine wunderbaren Taten
will ich weitererzählen.

Aber das ist meine Freude,
dass ich mich zu Gott halte
und meine Zuversicht setze
auf Gott, den Herrn,
dass ich verkündige all dein Tun.

Psalm 73,28

WEISST DU, wie wertvoll
diese stillen Momente für mich sind?

Weißt du, wie schön du für mich bist
und wie ich mich danach sehne,
mit dir zu sprechen?

Bring dich nicht um den Reichtum
dieser stillen Momente
mit mir, deinem Gott.

In einem Moment mit mir
wird deine Seele
satter und zufriedener
als durch die innere Befriedigung
nach guten Werken
und durch das Lob für deine Fähigkeiten.

So ein Moment allein mit mir,
ein Moment an einem geschäftigen Tag,
ein Moment in der absoluten Vollkommenheit,
dort, wo mein Friede dich beschützt,
das ist der beste Moment
aller Momente.

Psalm 32,7-8; Philipper 4,7; Prediger 9,17; Psalm 4,4

7. Tag

Wie schön du bist,
meine Freundin,
wie wunderschön!

Siehe, meine Freundin,
du bist schön!
Siehe, schön bist du!

Hoheslied 4,1

INNERE SCHÖNHEIT kann wohl
eine Zeit lang vorgetäuscht werden.
Aber dann geht dein Temperament
mit dir durch,
du schnappst um dich
oder schnappst ein
wie jemand, der ohne Hoffnung ist.

Du entschuldigst dich damit,
„heute eben müde" zu sein.

Meine Schönheit in dir
währt ewig,
unzerstörbar ist sie und herrlich.
Nichts kann ihr schaden.
Kein Moment der Aufregung
kann ihre Süße zerstören.
Kein Ärger
kann ihr die Ruhe nehmen.

Deine Schönheit ist wie ein Spiegel
all der Momente und Stunden,
die du mit mir verbracht hast.
Du bist für mich schön.

Sprüche 31,30; Hoheslied 4,7; 1.Korinther 13,12

8. Tag

Gehört jemand zu Christus,
dann ist er ein neuer Mensch.
Was vorher war, ist vergangen,
etwas Neues hat begonnen.

Daher, wenn nun jemand
in Christus ist,
so ist er eine neue Schöpfung;
das Alte ist vergangen,
siehe, Neues ist geworden.

2.Korinther 5,17

Ich vergebe dir.
Das gilt. Unumstößlich.
Das kannst und sollst du
auch vor dir selbst gelten lassen.
Geh nicht zurück hinter den neuen Anfang!

Es ist gut, dass du der Torheit
eines selbstsüchtigen Lebens
den Rücken kehrst.
Es ist gut, dass du deine
um dich selbst kreisenden Gedanken und Taten
erkennst
und dich von ihnen
abwendest.

Für die Sünde und Selbstsucht
gestorben zu sein,
bedeutet, endlich zu leben:
ein schönes, reines
und klares Leben zu führen –
in mir.

Nur so kannst du
meine Fülle erleben.
Nur so kannst du in der Vergebung leben
und freien Herzens denen vergeben,
die an dir schuldig werden.

Ich vergebe,
ich stelle wieder her,
ich erneuere.
Und in mir, mein lieber Mensch,
ist alles gut.

Hebräer 10,22; Philipper 4,7; Micha 7,18

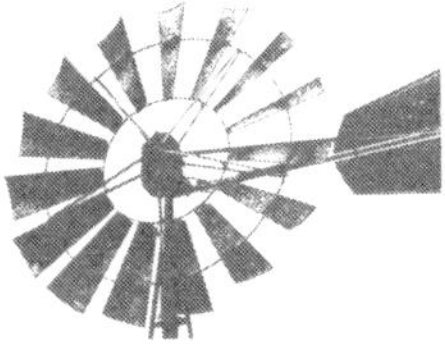

9. Tag

Ihr werdet voller Freude
das Land eurer Gefangenschaft verlassen
und wohlbehütet
in eure Heimat zurückkehren.

Denn ihr sollt
in Freuden ausziehen
und im Frieden geleitet werden.

Jesaja 55,12

FREUDE und Frieden
findest du bei mir;
was du ohne mich erreichst,
wird dich auf Dauer nicht befriedigen.

Lass das Tun
nicht wichtiger werden
als das Sein.

Alles Erreichte, Lob, Erfolg und Beifall
vergehen schnell und gehen vergessen –
aber die Beziehung zwischen dir und mir bleibt.

Was du von mir empfängst,
ist etwas ganz anderes
als vergängliche Schmeicheleien oder
menschliche Dankbarkeit.

Wenn du zu mir gehörst,
dann umgibt uns das,
was du und ich erreichen,
wie juwelengeschmückte Kinder,
die um uns herum tanzen.

2.Korinther 4,18; Epheser 6,7-8;
Daniel 12,3; Jesaja 51,11

10. Tag

Wieviel mehr wird uns das Blut Jesu Christi
von unseren Sünden reinwaschen!
Erfüllt vom Heiligen Geist
hat er, der ohne jede Sünde war,
sich selbst für uns
als fehlerloses Opfer Gott dargebracht.
Jetzt brauchen wir unser Vertrauen
nicht länger auf Ordnungen zu setzen,
die uns doch nicht vom Tod erretten.
Wir sind frei,
um dem lebendigen Gott zu dienen.

Um wie viel mehr wird dann das Blut Christi,
der sich selbst als Opfer ohne Fehler
durch den ewigen Geist Gott dargebracht hat,
unser Gewissen reinigen
von den toten Werken,
zu dienen dem lebendigen Gott!

Hebräer 9,14

WAS IST ein gutes Gewissen?
Ein gutes Gewissen
ist eines, das gewappnet ist
durch Freude und Wahrheit.

So kannst du stark sein.
Warum also
sich mit Halbheiten zufrieden geben,
geistlich Mangel leiden
und gefühlsmäßig ein Bettler sein?

Lass dich ausrüsten.
Lege die ganze Waffenrüstung Gottes an,
dann bist du im Stande,
die Feinde in die Flucht zu schlagen,
die dich des guten Lebens
berauben wollen.

Ein gutes Gewissen erinnert
dich an mich,
wenn du mich brauchst.
Ein gutes Gewissen ermutigt dich,
meinen Geist in Anspruch zu nehmen,
dich durch mein Wort stärken zu lassen
und mutig zu leben.

Wage es, ein glücklicher Mensch zu sein!
Wage es, stark zu sein!
Wage es, Ungutes zu überwinden!

Ein gutes Gewissen
freut sich an der Wahrheit
und ist zuversichtlich,
auch in Schwierigkeiten.
Ein gutes Gewissen
ist kostbar wie ein Schatz aus Gold.

2.Korinther 1,12; 1.Thessalonicher 5,8; Epheser 6,10-11; Offenbarung 3,18; Hebräer 10,22

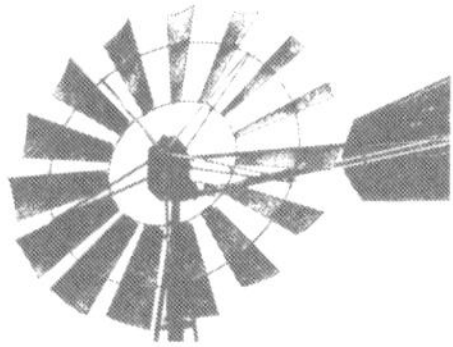

11. Tag

Das gilt genauso für euch,
und daran müsst ihr festhalten:
Ihr seid tot für die Sünde.
Lebt nun für Gott,
der euch durch Jesus Christus
das neue Leben gegeben hat.

Haltet dafür,
dass ihr der Sünde gestorben seid,
und lebt Gott in Christus Jesus.

Römer 6,11

RUHM UND GLANZ
eines gottesfürchtigen Menschen
ist sein gutes Gewissen.
Von dort kommt auch
tiefe und bleibende Freude.

Ein schlechtes Gewissen
ist voller Furcht und unruhig:
Böse Menschen erfahren sie niemals,
diese wahre Freude.

Aber du, mein geliebtes Kind,
bist all dem gestorben,
was nicht von mir ist,
bist lebendig und kannst
ganz in Frieden leben.

Dein Herz kann glücklich sein und lachen,
und in der Welt um dich her
wirst du freudige Überraschungen
erleben.
Dem Reinen ist alles rein.

Jesaja 57,20-21; Titus 1,15; Sprüche 22,1; Jesaja 13,12

12. Tag

Wer in Gottes Augen
groß sein will,
der soll allen anderen
dienen.

Wer groß sein will
unter euch,
der soll
euer Diener sein.

Markus 10,43

LASS MICH dir nahe sein,
wo immer du heute hingehst.
Ich will deine flatternden Nerven beruhigen.
Ich will es dich merken lassen,
wenn du selbstgerecht bist,
wenn du beginnst, dich zu rühmen,
oder dich selbst zu wichtig nimmst.

Ich will deine Schritte
auf den Weg echter Erfüllung
führen,
wo du das Geheimnis der Weisheit entdeckst:
alles loszulassen,
um so
viel mehr
in mir
zu gewinnen.

Philipper 3,8-9; Jakobus 1,5; Hiob 8,20; Markus 8,35

13. Tag

Wer dem Herrn vertraut,
ist wie der Berg Zion;
er steht fest und unerschütterlich.

Die auf den Herrn hoffen,
werden nicht fallen,
sondern ewig bleiben wie der Berg Zion.

Psalm 125,1

WENN DU keinem Menschen vertraust,
warum sollte ein anderer Mensch
dann dir vertrauen?
Manchmal, ganz im Geheimen,
vertraust du mir auch nicht.

Immer und immer wieder hältst du
in deiner Umgebung
nach Zeichen Ausschau –
nach Gesten der Hingabe,
nach bestimmten Worten,
von denen du hoffst,
dass sie wahr seien.
Was erhoffst du dir davon?

Viele religiöse Menschen
spielen eine fromme Rolle,
wie Schauspieler auf der Bühne.
Lass dich nicht in Versuchung führen
mitzuspielen.
Bleibe du mit beiden Füßen
fest auf meinem heiligen Berg stehen,
mit reinen Händen
und einem reinen Herzen,
das auf mich traut.

Du wirst nie einem anderen Menschen vertrauen
und du wirst auch nie dir selbst vertrauen,
bis du das gelernt hast:
mir zu vertrauen.

Sprüche 3,5; Sprüche 29,25; Psalm 24,1-6

14. Tag

Doch dann lachten
und jubelten wir laut vor Freude.
Auch die anderen Völker mussten zugeben:
„Was der Herr für sie getan hat,
ist groß und gewaltig!“
Ja, der Herr hat große Taten
für uns vollbracht!
Wir waren außer uns vor Freude.

Dann wird unser Mund voll Lachens
und unsere Zunge voll Rühmens sein.
Dann wird man sagen unter den Heiden:
Der Herr hat Großes an ihnen getan!
Der Herr hat Großes an uns getan;
des sind wir fröhlich.

Psalm 126,2-3

LERNE zu lachen!
Ich liebe das Lachen.
Sorgen und Kummer haben bei mir
nicht das letzte Wort.
Ich bin Gott!
Ich bin Weisheit und Erkenntnis.
Du kannst mir vertrauen.

Denkst du, du kannst
in deinem Herzen
das Feuer der Sorge anzünden,
ohne dabei zu verbrennen?
Denkst du, du kannst
auf den heißen Kohlen deiner Angst gehen,
ohne Brandblasen zu bekommen?

Mache deinem falschen Sorgen ein Ende,
und nimm dir meine Worte zu Herzen.
Und dann wird dein unruhiges Herz
darin seinen Frieden finden.

Komm so zu mir,
an mein liebendes Herz,
und verweile bei mir.

Psalm 126,6; Offenbarung 1,8; Psalm 33,21;
Sprüche 6,27-28; Jesaja 26,3; Sprüche 7,1-2

15. Tag

Ich schaue hinauf zu den Bergen –
woher kann ich Hilfe erwarten?
Meine Hilfe kommt von dem Herrn,
der Himmel und Erde gemacht hat!
Der Herr wird es nicht zulassen,
dass du fällst; er, dein Beschützer, schläft nicht.
Ja, der Beschützer Israels schläft
und schlummert nicht.

Ich hebe meine Augen auf zu den Berge,
Woher kommt mir Hilfe?
Meine Hilfe kommt vom Herrn,
der Himmel und Erde gemacht hat.
Er wird deinen Fuß nicht gleiten lassen,
und der dich behütet, schläft nicht.
Siehe, der Hüter Israels schläft
und schlummert nicht.

Psalm 121,1-4

WO IST DEINE HILFE
in Zeiten der Not?
Wer baut dich auf,
wer rechtfertigt dich,
wer hört dein Weinen in der Nacht?
Dein Arbeitgeber?
Dein Liebhaber?
Dein Freund?

Wer ist immer da –
um dich zu umsorgen, zu beschützen,
um dich in vollkommener Liebe
zu umarmen?
Wer nennt dich
– egal, was geschehen ist –
„geliebter Mensch"?
Dein Nachbar?
Deine Eltern?
Deine Schwester oder dein Bruder?

Gibt es irgendein menschliches Wesen,
das dir die Ewigkeit geben kann?

Bist du von neuem geboren
durch ein romantisches Abenteuer?
Durch Ehe?
Durch Kinder?

Ist dein Gewissen durch höhere Schulbildung
so weiß wie Schnee geworden?
Oder durch gesellschaftliche Erfolge?
Wen betest du an, mein geliebter Mensch?
Wem dankst du
für allen empfangenen Segen?

Menschen kommen und gehen.
Erfolg währt nicht ewig,
Reichtümer sind vergänglich.
Aber ich bin
von Ewigkeit zu Ewigkeit.
Ich ändere mich nicht.
Ich bin für immer dein.

Hebräer 13,5b-6; 1.Johannes 4,16; 1.Timotheus 6,17;
Psalm 148,13-14

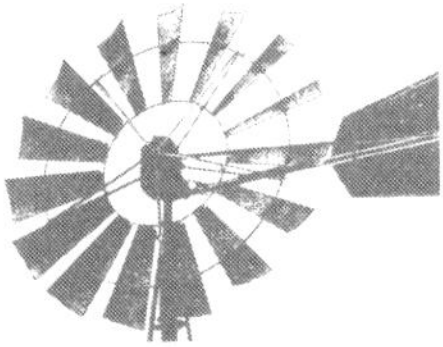

16. Tag

Und sollte dich doch
ein feindliches Volk angreifen,
dann ist es nicht von mir gesandt!
Ja, wer es dann noch wagt,
gegen dich zu kämpfen,
der wird dabei zu Fall kommen.
Doch alle Waffen,
die man gegen dich richtet, Jerusalem –
sie treffen ins Leere.
Wer dich vor Gericht anklagen will,
den wirst du als den Schuldigen entlarven.

Siehe, wenn man kämpft,
dann kommt es nicht von mir.
Wer gegen dich streitet,
wird im Kampf gegen dich fallen.
Keiner Waffe, die gegen dich bereitet wird,
soll es gelingen,

und jede Zunge,
die sich gegen dich erhebt,
sollst du im Gericht schuldig sprechen.

Jesaja 54,15.17a;

WIE STEHT ES
mit den Feinden?

Wer meint, mit dem Finger
auf die Auserwählten Gottes zeigen zu können?
Wer wagt es, mit böser Zunge
von meinen Auserwählten zu reden?

Wenn du
mich vor dich stellst,
musst du nicht kämpfen
gegen Worte, die provozieren.

Wenn Menschen
dir Beleidigungen an den Kopf werfen,
dich voller Sarkasmus kritisieren oder
dich lächerlich machen wollen –
muss dich das kümmern?

Ich bin Stärke, Weisheit und Kraft.
Ich kümmere mich.
Ich helfe dir, über Spott erhaben zu sein.

Ich
bin dir Schutz,
Stärke und Verteidigung.
Ich
freue mich, wenn das dein Herz
dankbar, ruhig und froh macht
und du mir Loblieder singst.

Du hast
meine Liebe und Anerkennung.
Mehr brauchst du nicht.

Jeremia 32,17.27; Psalm 59,8-11

17. Tag

Ich aber singe von deiner Macht.
Früh am Morgen juble ich dir zu,
weil du so gnädig bist.
Du bietest mir Schutz wie eine sichere Burg;
zu dir kann ich fliehen,
wenn ich weder aus noch ein weiß.

Ich aber will von deiner Macht singen
und des Morgens rühmen deine Güte;
denn du bist mir Schutz
und Zuflucht in meiner Not.
Meine Stärke, dir will ich lobsingen.
Denn Gott ist mein Schutz,
mein gnädiger Gott.

Psalm 59,17

WOHIN zieht es dich,
wenn du Schutz suchst?

Verkriechst du dich tief
unter deiner Decke
oder
kommst du zu mir
auf meinen himmlischen, hohen Turm?

Wo suchst du Hilfe?
In der Apotheke,
im Supermarkt oder Kaufhaus
oder
bei meiner immer währenden Barmherzigkeit?

Ich bin dein Zufluchtsort –
heilig,
voller Frieden und
beständiger Liebe.

Das scheinst du
so leicht
zu vergessen.

Jesaja 53,6; Psalm 59,10.17-18

18. Tag

Werde nicht zu schnell zornig,
denn nur ein Dummkopf
braust leicht auf.

Sei nicht schnell, dich zu ärgern,
denn Ärger ruht im Herzen des Toren.

Prediger 7,9

ICH REGIERE das tosende Meer.
Der Sturm, der die Wellen auftürmt,
wird wieder still,
wenn ich es will.

Ich kann die Nationen
von der Aufruhr
zur Ruhe kommen lassen.

Ich kann die Stimme der Mächtigen
zu einem Flüstern
werden lassen.

Ich kann dem Blitz und dem Sturm gebieten,
genauso dem Hagel, dem Schnee und den Wolken.

Wer ist in den Himmel aufgefahren
und wieder auf die Erde herabgekommen?
Wer hält alle Winde zusammen
in seiner hohlen Hand?
Wer verhüllt mit seinem Mantel
alle Wasser der Erde?
Wer hat die Enden des Universums
bestimmt?
Wie ist sein Name?
Sage ihn mir, wenn du ihn kennst!

Ich bin der Herr über alles.
Ich gab dem Meer seine Grenzen,
damit das Wasser sich nicht
ohne mein Geheiß ausbreite.

Ich habe die Grundfesten der Erde
gegründet –
ich kann
auch dein unruhiges Herz zur Ruhe
kommen lassen.

Erlaube mir, deinen Verstand zu regieren,
so, wie ich das Meer regiere,
den Wind
und das Universum.

Gib mir deine ungestümen Ängste,
und ich werde dein Inneres
seinen Frieden finden lassen,
dass es so ruhig wird wie
eine stille, klare Quelle.

Psalm 65,6-9; Psalm 89,10; Psalm 107,29;
Matthäus 8,26; Sprüche 30,4

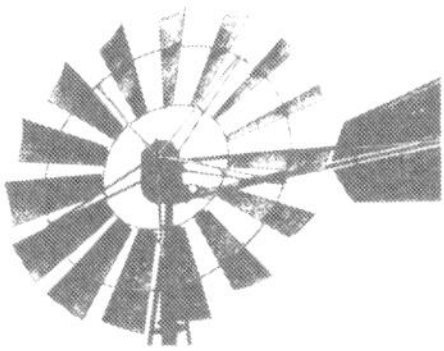

19. Tag

Aber ihr werdet den Heiligen Geist
empfangen
und durch seine Kraft meine Zeugen sein
in Jerusalem und Judäa,
in Samarien und auf der ganzen Erde.

Ihr werdet die Kraft
des heiligen Geistes empfangen,
der auf euch kommen wird,
und werdet meine Zeugen sein
in Jerusalem und in ganz Judäa und Samarien
und bis an das Ende der Erde.

Apostelgeschichte 1,8

HÖRE AUF damit
zu behaupten,
du hättest keine Kraft.
Sei wie der Prophet, der gesagt hat:
„Was mich betrifft, ich bin voll Kraft,
voll Geistes des Herrn,
voll Gerechtigkeit und Stärke."

Ich habe dich ausgerüstet
mit der Stärke, die nicht nachlässt.

Du kannst neuen Schwung erleben
wie ein Adler,
dem starke Flügel wachsen.
Du kannst laufen,
ohne müde zu werden.
Du kannst gehen,
ohne schwach zu werden.

Du musst nichts mehr
aus Angst heraus tun.
Du musst dich nicht mehr
verwirren lassen.

Die Angst ist nicht dein Gott.
Ich bin dein Gott.

Erinnere dich immer an die Wahrheit:
Sage deinem Herzen,
dass ich dich stärke –
nach meinem Reichtum und meiner Herrlichkeit,
durch meinen Geist.

Sage nicht,
du hättest keine Kraft.

Micha 3,8; Jesaja 40,31; Jesaja 41,10; Epheser 3,16-17a

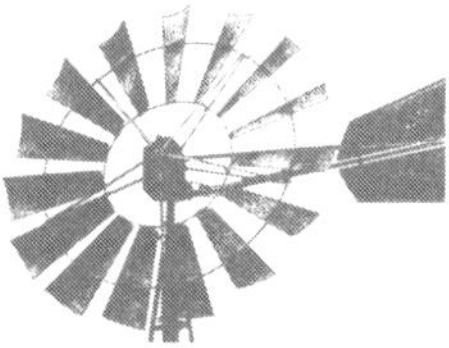

20. Tag

Setzt alles daran,
mit jedem Menschen Frieden zu haben
und ein Leben zu führen, das Gott gefällt.
Sonst werdet ihr den Herrn nicht sehen.

Jagt dem Frieden mit allen nach
und der Heiligung,
ohne die niemand den Herrn schauen wird.

Hebräer 12,14

KLAGE KEINEN Menschen an,
der dir nicht
mit Absicht
etwas Böses getan hat.
Wer schnell dabei ist,
einen Streit vom Zaun zu brechen,
ist ein Narr.

Jemand, der sich in einen
fremden Streit einmischt,
ist wie einer, der versucht,
einen vorbeilaufenden Hund
bei den Ohren zu packen.

Konzentriere dich
auf die Aufgaben,
die ich dir gebe:
Du bist
für dein eigenes Herz verantwortlich.
Du sollst
nichts um eitler Ehre willen tun.
Achte auch den,
der dich verletzt,
mehr als dich selbst.

Sprüche 3,30; Sprüche 20,3; Sprüche 26,17; Philipper 2,3

21. Tag

Wenn ihr dann zu mir ruft,
werde ich euch antworten.
Wenn ihr um Hilfe schreit,
werde ich sagen: „Ja, hier bin ich."

Dann wirst du rufen,
und der Herr wird dir antworten.
Wenn du schreist, wird er sagen:
Siehe, hier bin ich.

Jesaja 58,9

MANCHMAL scheine ich dir
nicht schnell genug zu antworten.
Du fühlst dich wie
im „Tal des Wartens“ –
und dabei ist es
mit deiner Geduld
nicht allzu weit her.
Du fühlst dich wie in der Falle.

Vergiss es nie:
Meine Verheißungen
sind gültig.

Ich halte meine Versprechen.
Ich werde dir sicher antworten.

Aber, geliebter Mensch,
ich antworte zu meiner Zeit,
nicht zu deiner.

Jesaja 25,9; Psalm 91,15; Jesaja 65,24

22. Tag

Verlass niemals deinen Freund
oder den Freund deines Vaters!
Wenn du in Not gerätst,
dann geh nicht bis zum Haus deines Bruders!
Ein Nachbar in deiner Nähe
kann dir besser helfen
als der Bruder in der Ferne.

Von deinem Freund
und deines Vaters Freund
lass nicht ab.
Geh nicht ins Haus deines Bruders,
wenn es dir übel ergeht.
Ein Nachbar in der Nähe
ist besser als ein Bruder in der Ferne.

Sprüche 27,10

ALS MOSE einmal müde wurde –
wer stützte ihm da die Arme?

Nimm den Menschen wichtig,
der dein Freund ist
oder deine Freundin.
Pflege die Freundschaft.

Aaron und Hur stützten Mose die Arme,
als sie ihm schwer wurden,
einer auf der einen Seite,
der andere auf der anderen,
und so blieben Moses Arme stark
bis zum Sonnenuntergang.

So etwas tun Freunde für dich.

Du wirst geliebt,
und die Liebe,
die du deinen Freunden erweist,
wird viel Frucht tragen.

Lebe in Eintracht
mit deinen Freunden.
Fühle mit,
leide mit,
sei bescheiden.

Vergiss es nie:
Du bist geboren,
um zu lieben
und um geliebt zu werden.

2. Mose 17,12; 1.Petrus 3,8;
1.Samuel 18,1; Sprüche 17,17

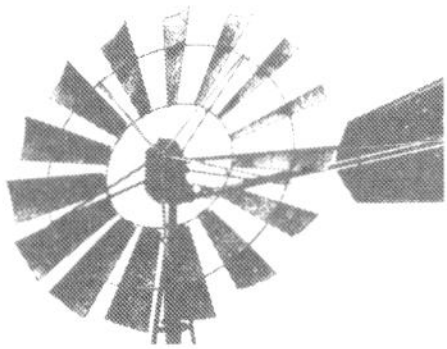

23. Tag

Darum rate ich euch:
Lasst euer Leben
vom Heiligen Geist bestimmen.
Wenn er euch führt,
werdet ihr allen selbstsüchtigen Wünschen
und Verlockungen widerstehen können.

Ich sage aber:
Lebt im Geist,
so werdet ihr die Begierden des Fleisches
nicht vollbringen.

Galater 5,16

ICH MÖCHTE,
dass du dich selbst beherrschen kannst.
Sei wachsam!
Lass dich nicht auf törichte Dinge ein.
Schau dich um,
und sieh, wo du stehst.

Stehst du auf sicherem Boden?
Dein Feind, der Teufel,
geht umher
wie ein hungriger Löwe
und hält Ausschau nach jemandem,
der sich selbst nicht zu beherrschen vermag
und den er verschlingen kann.

Aber du hast einen Felsen:
Christus.
Auf ihm kannst du sicher stehen.

1.Korinther 10,12; 1.Korinther 16,13; 1.Petrus 5,8

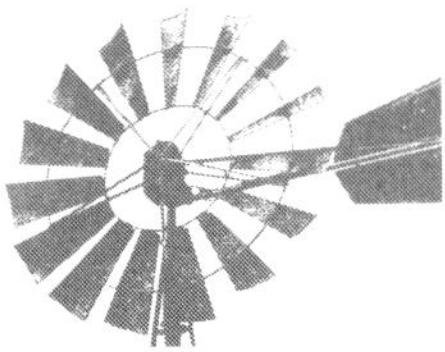

24. Tag

Darauf können wir zunächst
nur hoffen und warten.
Hoffen aber bedeutet: noch nicht haben.
Denn was einer schon hat und sieht,
drauf braucht er nicht mehr zu hoffen.

Denn wir sind zwar gerettet,
doch auf Hoffnung.
Die Hoffnung aber, die man sieht,
ist nicht Hoffnung;
denn wie kann man auf das hoffen,
was man sieht?

Römer 8,24

LASS DICH mit Hoffnung erfüllen!
Halte an der Hoffnung fest –
mehr denn je –
und wisse,
dass ich, der Schöpfer
des Himmels und der Erde,
der Schöpfer des Meeres,
der Schöpfer von allem, was darin lebt,
dir immer treu sein werde.

Wenn dir einer vorgaukelt,
es gäbe keine Hoffnung,
ist das eine Lüge,
und Lügen haben keinen Bestand.

Die Wahrheit aber bleibt für immer bestehen.

Ich gebe dir heute neue Hoffnung:
das Versprechen, dass ich
dein Beten höre,
dir nahe bin,
dir antworte.

Römer 3,4; Hebräer 6,18-19; Psalm 146,5-8

25. Tag

Nur eines im Leben
ist wirklich wichtig:
Werde weise! Werde verständig!
Kein Preis darf dir zu hoch dafür sein.

Erwirb Weisheit
und erwirb Einsicht
mit allem, was du hast.

Sprüche 4,7

WENN DU weise bist,
wirst du merken, wie die Weisheit dir nützt.
Weisheit
ist mein Geschenk an dich:
Echte Freude
gibt es nicht
ohne Weisheit.

Wenn du hier und dort schaust
und im künstlichen Lächeln von Fremden
nach Glück Ausschau hältst,
dann bist du irregeführt.

Lebe für mich.
Du gehörst mir.
Halte zuerst Ausschau
nach mir und nach meinem königlichen Reich.
Mein Reich ist voller
Freuden für die Seele.
Meine Gerechtigkeit ist süß
und erfüllt dein sehnsüchtiges Herz.

Alle wichtigen Dinge werden dazukommen,
wenn du nach Weisheit trachtest.
Das ist dein Geschenk.

Sprüche 9,10; Römer 14,8; Matthäus 6,33

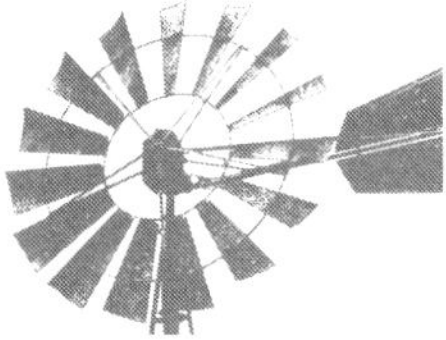

26. Tag

Was ihr sät,
das werdet ihr ernten.
Haltet euch an meinen Bund,
dann werde auch ich
euch treu bleiben.
Fangt an wie ein Bauer,
der ein brachliegendes Feld
zum ersten Mal wieder bestellt!
Denn die Zeit ist da,
mich, den Herrn, zu suchen.
Dann werde ich kommen
und dafür sorgen,
dass es in eurem Land gerecht zugeht
und ihr in Frieden lebt.

Säet Gerechtigkeit
und erntet nach dem Maß der Liebe.
Pflüget ein Neues,

solange es Zeit ist,
den Herrn zu suchen,
bis er kommt und Gerechtigkeit
über euch regnen lässt!

Hosea 10,12

Betrachte dich

als jemanden,
der Saat ausstreut.
Betrachte dich
als jemanden, der Gerechtigkeit sät:
indem du aufrichtig bist
und klar bei und zu mir stehst.

Wenn du fest in mir gegründet bist,
dann wirst du Barmherzigkeit
und Güte ernten.

Es ist Zeit,
den ungepflügten Boden aufzubrechen,
mich jetzt zu finden
und eins mit mir zu sein.

Es ist Zeit,
Freundschaft mit mir zu schließen,
kein Fremder zu bleiben,
sondern nach Hause zu kommen.

Betrachte alles, was du bist und tust,
wie ein Feld,
auf dem du guten Samen ausstreust.

Lass mich
der Regen sein, der dich beschenkt
und Gutes wachsen lässt.

Galater 6,8; Jakobus 2,20; Hesekiel 36,27-28

27. Tag

Steh auf, Jerusalem, und leuchte!
Denn das Licht ist gekommen,
das deine Finsternis erleuchtet.
Die Herrlichkeit des Herrn
geht auf über dir wie die Sonne.

Mache dich auf,
werde licht;
denn dein Licht kommt,
und die Herrlichkeit des Herrn
geht auf über dir.

Jesaja 60,1

WACH AUF, geliebter Mensch!
Kleide dich mit Stärke.
Wach auf,
und nimm die Kleider,
die ich dir gebe.
Wach auf,
und lebe diesen Tag in Weisheit
und Aufrichtigkeit.

Verstecke sie nicht,
die Güte meiner Wahrheit,
sondern ziehe sie an wie ein Gewand.
Mein Geist der Wahrheit in dir
bringt dich zum Leuchten.

Ich will dir heute vieles geben:
Ich werde deine Augen öffnen,
deinen Körper stärken,
deine Gedanken erfrischen
und dein Herz reinigen.

Bleibe im Licht;
ich bin das Licht.

1.Thessalonicher 5,8; Matthäus 13,43;
1.Johannes 1,7a

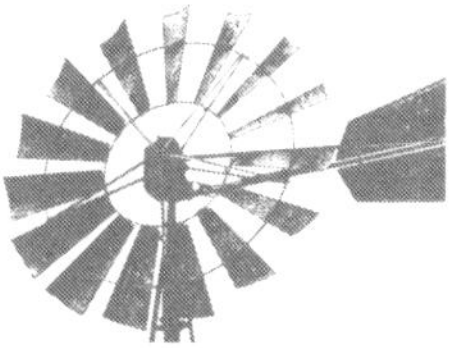

28. Tag

Dabei ist in der Tat jeder reich,
der an Gott glaubt
und mit dem zufrieden ist,
was er hat.

Die Frömmigkeit aber
ist ein großer Gewinn
für den, der sich genügen lässt.

1.Timotheus 6,6

DU HAST die Wahl, heute:
Entscheide dich für dein Leben,
wie es jetzt ist,
und schätze, was du hast.

Höre auf,
ständig in den Schatten
deiner Vergangenheit
herumzuwühlen,
um deine Schwierigkeiten zu erklären.
Wenn du das so ausgiebig tust,
gibst du der Vergangenheit die Macht,
über die Gegenwart – deine Gegenwart! –
zu herrschen.
Und du versäumst
die Majestät des Augenblicks
jetzt.

Wenn dein Blick
ständig nach innen gerichtet ist,
wirkt das zerstörerisch –
wie ein reißender Fluss,
der ausufert
und alles überflutet,
was ihm in den Weg kommt.

Ich möchte,
dass du dein Leben liebst,
dass du den Klagen und Beschwerden
weniger Aufmerksamkeit widmest.
Damit sie dich nicht mitreißen
wie der Strudel, in dem alles andere untergeht.

Dein ständiges Seufzen
ist Unzufriedenheit
und nagt an allem Guten wie Ungeziefer.
Die Zufriedenheit,
die ich dir geben will,
ist dagegen wie eine warme Decke der Liebe,
die dich ruhig und entspannt sein lässt.
Du,
ich freue mich an dir!
Freue du dich
an diesem Frieden.

Epheser 5,8; Titus 3,3; Römer 14,12

29. Tag

Ein angefangener Rechtsstreit
ist so schwer aufzuhalten
wie gestautes Wasser,
das plötzlich losbricht –
darum lass es gar nicht erst so weit kommen!

Wer Streit anfängt,
gleicht dem, der dem Wasser
den Damm aufreißt.
Lass ab vom Streit, ehe er losbricht.

Sprüche 17,14

FREUE dich mit,
wenn einer einen geistlichen Sieg erringt.
Freue dich über jeden Sieg
mit Christus.
Freue dich auch,
wenn der Erfolg anderer größer ist
als dein eigener:
Freue dich, wenn ein anderer erhält,
was du auch brauchst.
Bewahre deinen Frieden,
wenn ein anderer die Aufmerksamkeit erhält,
die du meinst zu verdienen.

Du musst dich nicht
krampfhaft um all das bemühen!
Wenn du zu kämpfen hast,
dann gegen Eifersucht und Streit.

Triff eine Entscheidung,
und sage dir heute:

> Ich werde nicht eifersüchtig sein.
> Ich werde nicht kämpfen.
> Ich werde mich nicht krampfhaft bemühen.
> Ich werde mich bei den Siegen anderer
> mitfreuen.
> Ich werde mich an den Erfolgen anderer

mitfreuen.
Ich werde nicht denken,
dass andere weniger wertvoll
oder weniger wichtig sind als ich.
Ich werde meine Arbeit
nicht wichtiger erachten
als die Arbeit eines anderen.
Ich werde für meine „Konkurrenten“ beten.
Ich werde mich an der Beziehung
zu Gott freuen.
So soll es sein.

Und so wird es sein.

2.Korinther 12,20; Markus 10,43-44; Galater 5,26;
2.Korinther 2,15; Johannes 13,34

30. Tag

Aber eins steht fest,
dass ich alles vergessen will,
was hinter mir liegt.
Ich konzentriere mich nur noch
auf das vor mir liegende Ziel.
Mit aller Kraft laufe ich darauf zu,
um den Siegespreis zu gewinnen,
das Leben in Gottes Herrlichkeit.

Eins aber sage ich:
Ich vergesse, was dahinten ist,
und strecke mich aus nach dem,
was da vorne ist.
Ich jage nach dem vorgesteckten Ziel,
dem Siegespreis
der himmlischen Berufung Gottes
in Christus Jesus.

Philipper 3,13b-14

ICH HABE dir viele Türen geöffnet.
Gehe hindurch,
eine nach der anderen!

Lass dich nicht
von meinen Wegen abbringen.
Lass dich nicht in Versuchung führen,
wenn du Gutes, das du erhofft hast,
woanders zu sehen meinst,
aber dazu an zwielichtigen Wesen
vorbei musst.
Schließe mit solchen Bösewichtern
und Verführern
keine Händel ab,
und nimm nicht ihre Hand
in dem naiven Versuch,
Freundschaft zu schließen.

Ich gebe dir Gnade und Weisheit,
in welchen Umständen auch immer.
Du musst nicht ängstlich sein.

Du musst nicht unsicher sein,
weil du deine Unzulänglichkeiten kennst.
Niemand, der mit meinem Geist lebt,
ist unzulänglich für die Aufgaben,
die er von mir hat.

Verstehst du mich?
Lerne, vorwärtszugehen,
in der Ausrichtung auf mich –
ich werde dich nicht überfordern.

Öffne die wunderbarste Türe von allen –
die Tür, in der ich stehe,
um dich zu umarmen.

Ich komme mit dir zum Ziel –
was immer geschieht.
Mit der Zeit
kommen wir uns immer näher,
verbunden durch die Liebe.

Offenbarung 3,8; Johannes 10,7;
Psalm 1; Lukas 21,15; 1. Johannes 4,13